NOUVELLES
OBSERVATIONS

EN FAVEUR

DES ACQUÉREURS DE BIENS D'ÉMIGRÉS,

ET EN FAVEUR

DES ÉMIGRÉS EUX-MÊMES,

CI-DEVANT PROPRIÉTAIRES DE CES BIENS;

Par M. BAROUD,

Auteur de deux Écrits portant le même titre, et distribués aux deux Chambres, le premier au mois d'août 1814, le second au mois de décembre 1816.

LYON,

Imprimerie de PELZIN, Quai de Saône, N.° 36.

1818.

NOUVELLES OBSERVATIONS

EN FAVEUR

DES ACQUÉREURS DE BIENS D'ÉMIGRÉS,

ET EN FAVEUR

DES ÉMIGRÉS EUX-MÊMES,

CI-DEVANT PROPRIÉTAIRES DE CES BIENS,

L'HOMMAGE le moins équivoque qu'il soit possible de rendre aux dispensateurs de la justice nationale, est la persévérance qu'on apporte à les entretenir d'une cause vraiment digne de leurs égards, mais languissante et disgraciée par des motifs étrangers au bon droit des parties intéressées.

Fort de cette encourageante pensée que nul intérêt personnel n'accompagne, je viens, pour la troisième fois, et toujours pendant la session des deux Chambres, soumettre à leur sagesse et à l'opinion publique, de modestes représentations EN FAVEUR DES ACQUÉREURS DE BIENS D'ÉMIGRÉS, ET EN FAVEUR DES ÉMIGRÉS EUX-MÊMES CI-DEVANT PROPRIÉTAIRES DE CES BIENS.

Si l'on me demandait de qui je tiens ma mission, je ne pourrais répondre qu'en citant l'article 8 de la Charte constitutionnelle, qui permet *à tout Français de publier et d'imprimer ses opinions, en se conformant aux lois :* car, je le déclare avec franchise, aucun acquéreur de biens d'émigrés, aucun émigré dépossédé ne m'a donné de pouvoir ; je n'ai même consulté aucun d'eux pour savoir si je m'aviserais de plaider la cause de tous : voulant néanmoins prévenir ou désarmer la censure qui s'attache naturellement à l'entreprise spontanée de la défense d'autrui, quand cette entreprise n'a pas de grands talens pour excuse, je dois dire à quelle occasion j'en ai conçu l'idée ; et la relation que je vais faire ne sera pas elle-même indifférente au sujet que je traite.

Au commencement de l'année 1814, époque de la première restauration, un ancien créancier de l'état, acquéreur des biens d'un émigré, payés avec les assignats qu'il avait reçus lui-même en remboursement de sa créance, vivait retiré depuis vingt ans, lui et sa nombreuse famille, sur l'héritage du proscrit dont la rentrée en France devenait chaque jour moins probable : né sensible et élevé dans des principes de justice et d'honneur, ce bon-père de famille avait, plus d'une fois, déploré la fatalité des événemens qui l'avaient placé entre l'indigence et l'obligation d'accepter le bien d'autrui pour lui tenir lieu du sien propre : la paix de sa retraite était souvent troublée par l'image des privations et des souffrances du légitime possesseur qu'il avait remplacé ; et il avait besoin, pour rendre le calme à son ame, de penser que la spoliation n'était pas son ouvrage, qu'il n'avait pas empiré la condition de l'ancien propriétaire, et qu'à son défaut, d'autres acheteurs, moins excusables que lui, auraient fait par spéculation ce qu'il n'avait fait que par nécessité. Ainsi s'écoulait sa vie, toute remplie d'ailleurs par les soins paternels, en exemple à ses voisins, au milieu même des bénédictions du pauvre, mais non sans de fréquens soupirs dirigés vers les terres lointaines, et souvent inhospitalières, empreintes des pas errans de l'exilé dont il occupait le manoir.

Le mois d'avril avait à peine commencé son cours, et déjà

les accens de la joie publique, mariés à ceux des chantres du printemps, faisaient pénétrer jusque dans les moindres hameaux la nouvelle du prochain retour de la famille royale : cette nouvelle parvient à l'acquéreur, dont il m'est permis de taire le nom tout en honorant ses sentimens et sa personne ; il reçoit, en même temps, l'avis du retour de l'émigré qui possédait avant lui ; et, au lieu de la crainte qu'une ame ordinaire en eût conçue, une douce émotion s'empare de la sienne, se communique à tout ce qui l'environne, et lui présage un dénouement conforme à ses plus intimes désirs. Il donne à l'aîné de ses enfans l'ordre de partir, d'aller complimenter l'ancien maître des biens vendus, et de l'inviter à venir visiter ses dieux domestiques et s'asseoir au foyer de ses pères. Peu de jours après, l'émigré se présente, incertain de l'accueil qu'on lui prépare et des formes de l'hospitalité qu'il va recevoir chez lui-même ; en un moment, toute la famille s'empresse autour de lui, le salue comme un protecteur, le soigne comme un ami, le questionne comme un sage ; enfin, l'acquéreur de ses biens lui adresse ces paroles :

« Mon nom ne vous est pas inconnu ; nos deux familles se
» portaient, l'une à l'autre, estime et considération ; quand
» vous avez quitté la France, je possédais une grande charge,
» dont la finance composait toute ma fortune ; cette finance
» a été liquidée et remboursée en papier-monnaie, au temps
» de la plus grande dépréciation : si j'eusse été seul et libre,
» j'aurais marché sur vos traces et partagé vos infortunes ;
» mais des parens âgés, une épouse bien aimée et digne de
» l'être, et six enfans tout près encore de leur naissance,
» réclamaient ma présence et mes soins ; j'ai obéi à cette
» sommation de la nature, et vos biens mis à l'encan sont
» devenus mon partage à la place des vains papiers que j'avais
» reçus du trésor. Je ne vous parle pas des décrets qui pro-
» tégent ma possession ; c'est vous que je constitue pour mon

» juge ; déterminez , dans votre équité , la mesure de mes
» obligations et de vos droits ; mes enfans, accoutumés au
» travail, pourront désormais , sans vos biens, rendre à ma
» vieillesse les soins que j'ai pris de leurs jeunes années, et le
» bonheur qui va commencer pour vous ne saurait jamais
» altérer le nôtre.

» Homme loyal et généreux, répond l'émigré , écoutez-moi ,
» et que les bons cœurs qui vous entourent secondent ici ma
» résolution et mes instances. Nous avons été dépouillés l'un
» et l'autre, vous comme créancier , moi comme propriétaire.
» Le ciel a permis que ma dépouille devînt l'indemnité de la
» vôtre ; et j'en rends grâces à sa bonté : depuis mon émi-
» gration, tous mes proches ont perdu la vie, et la plupart
» ont arrosé de leur sang les champs de la Vendée ; je reste
» seul à présent, le Roi accepte mes services et il ne les laissera
» pas sans traitement et sans récompense. Je connais peu les
» lois qui font votre sureté ; mais je connais la volonté royale,
» elle est ma loi suprême : le Roi veut que les acquéreurs
» de biens d'émigrés en restent paisibles possesseurs : PEUT-ÊTRE
» UN JOUR L'ÉTAT MOINS OBÉRÉ NOUS INDEMNISERA DE NOS PERTES ;
» en attendant, obéir est mon devoir, et c'est aussi le vôtre :
» je serais hors d'état, en recevant de vos mains le bien que
» j'ai perdu, de vous rendre celui que vous avez perdu vous-
» même ; gardons-nous, vous et moi, de donner un exemple
» nuisible à la paix publique ; et, si cet effort coûtait quelque
» chose à votre délicatesse, je vous le demande au nom de
» l'intérêt que vous m'inspirez, et sur-tout au nom du bon
» maître qui nous est rendu, et que nous devons, avant tout,
» aimer et servir. Touché néanmoins , jusqu'au fond du cœur,
» des témoignages de votre bienveillance, je veux vous prouver
» que je ne les dédaigne pas : accordez-moi votre adoption ;
» sans accroître vos besoins, j'augmenterai votre famille,
» et je reviendrai, chaque année, recevoir vos embrassemens

» et les siens , comme le seul tribut dû à mon ancienne
» seigneurie, dont je vous transmets, au besoin, tous les
» droits. »

Et, en effet, depuis ce noble combat entre l'ancien propriétaire et le nouveau possesseur, déjà quatre fois en moins
de quatre ans, la tendre amitié a présidé aux récoltes faites
dans des champs qui auraient pu devenir ceux de la discorde; le
laboureur vétéran croit travailler encore pour son premier maître,
et les plus jeunes se réjouissent de n'avoir pas perdu le leur.
Une couronne d'épis et de pampres est l'unique offrande que
permette l'émigré en réminiscence des honneurs de la suzeraineté
qu'il n'a plus ; on le retient le plus long-temps qu'on peut aux
lieux qui l'ont vu naître ; et, quand il s'en éloigne, tous les
vœux l'accompagnent, toutes les voix lui demandent avec in-
quiétude s'il est heureux ? « Vive le Roi ! mes amis, s'écrie-t-il;
» répétez avec moi ce vœu sacré, il comprend tous ceux que
» vous pouvez faire pour mon bonheur.

Voilà le trait historique qui m'a fait naître la pensée, et qui
m'a fourni les moyens de confondre dans une défense commune
la cause des émigrés dépossédés et celle des acquéreurs de leurs
biens. J'éviterai difficilement, en reproduisant encore une fois
cette défense, les répétitions et les longueurs; mais, dans le
développement d'une bonne cause, cet écueil a aussi ses avantages ; et, même en blessant les lois du goût, il peut soulager
la mémoire et rassurer le jugement; c'est une sorte de double
épreuve à laquelle le bon droit ne perd jamais rien!

§. I.er

Du concours des Émigrés et des Acquéreurs de leurs biens pour le soutien de la cause commune.

Quel meilleur présage de réconciliation et de paix pourrions-nous embrasser, au sortir de nos longues discordes, que l'heureuse alliance qui subsiste aujourd'hui, par la force des choses, entre les émigrés et les acquéreurs de leurs biens, pour porter de concert aux pieds du Trône, et devant les deux Chambres, les mêmes pétitions et les mêmes vœux !

Au temps des proscriptions et des confiscations en masse, quand de farouches dominateurs, en haine des émigrés, mettaient leurs têtes hors la loi, et leurs biens à l'encan, on ne prévoyait guère qu'un jour ces proscrits dépouillés n'auraient pas de partisans plus déclarés que les détenteurs même de leurs héritages ; il a fallu, pour opérer ce miracle politique, que la nouvelle loi fondamentale émanée du Souverain lui-même, protégeât également, et les ACQUÉREURS DE BIENS NATIONAUX de toute nature, et les CRÉANCIERS DE L'ÉTAT à quelque titre que ce soit.

Cette double protection est tellement indivisible, que la garantie promise aux acquéreurs, toute solennelle qu'elle est, resterait incomplète, si, comme CRÉANCIERS du prix de la vente, prix reçu par le trésor, les émigrés dépossédés n'obtenaient pas satisfaction. Si même il était permis de classer les divers commandemens de la charte constitutionnelle, et de les diviser en articles plus ou moins obligatoires, la sauvegarde donnée aux acquéreurs paraîtrait moins privilégiée encore que la promesse d'indemnité faite aux anciens propriétaires sous le titre de CRÉANCIERS DE L'ÉTAT : car, c'est sans y être contraints que, sur la foi des décrets d'alors, les enchérisseurs aux ventes de biens d'émigrés s'en sont rendus adjudicataires ; et c'est , au contraire , la violence qui a disposé du prix de ces biens au préjudice de leurs propriétaires : il y a plus , quelle que soit la mesure de l'indemnité qu'obtiendront les émigrés , ils ne recevront jamais l'équivalent de ce qu'ils ont perdu , tandis que , par le maintien des ventes , il n'y a pas un acquéreur qui n'ait reçu et qui ne conserve beaucoup plus qu'il n'a donné. Aussi , en embrassant la défense de cette cause commune aux émigrés et aux acquéreurs de leurs biens , est-il à propos de distinguer le genre d'intérêt que , de part et d'autre, ils inspirent : celui qu'on porte aux uns est un intérêt de sentiment ; leurs droits évidens par eux-mêmes sont encore consacrés par de longues souffrances non méritées ; la justice qu'on leur doit est une justice ABSOLUE : l'intérêt qu'on porte aux autres n'est qu'un intérêt de réflexion ; les droits qui leur ont été transmis se lient bien , il est vrai, à la foi publique , et, sous ce rapport , ils sont sacrés aussi , mais la justice qu'ils ont à prétendre n'est toujours qu'une justice RELATIVE.

Une telle distinction , indifférente aux yeux de la loi , serait sans objet dans un état de choses ordinaire , et elle ressemblerait à une censure gratuite des acquisitions de biens confisqués pour cause d'émigration ; mais, à côté des préventions que l'esprit de parti nourrit encore , même après avoir perdu sa puissance, c'est une chose nécessaire qu'un tableau de comparaison propre à faire connaître et à déterminer l'étendue des égards respectivement dûs aux anciens propriétaires et aux nouveaux possesseurs (1).

---

(1) On lisait , il y a quelques mois, dans le Moniteur , une instruction fort détaillée, dont l'auteur passait en revue les qualités qu'il fallait avoir et les classes de la société auxquelles il convenait d'appartenir pour mériter d'être nommé Membre de la Chambre des Députés ; cette instruction désignait les ACQUÉREURS DE BIENS NATIONAUX comme spécialement dignes du suffrage

Ce n'est pas , on le sent bien , l'incertitude du droit qui a empêché de mettre au rang des dettes de l'état les indemnités dûes aux émigrés dépossédés ; c'est un reste de condescendance pour des préventions mal éteintes , et les émigrés eux-mêmes, par leur réserve , ont favorisé cette fausse déférence ; spectateurs impassibles de la profusion des ressources de l'état envers tous ses créanciers , eux seuls exceptés, ils n'ont rien réclamé pour eux , et on a pu se prévaloir encore de leur silence comme d'une abnégation de leurs droits.

Personne , au reste , n'a encore entrepris de soutenir qu'il fût juste de méconnaître pour créancier de l'état le titulaire d'un patrimoine dont le prix avait été versé au trésor , tandis qu'au contraire on déployait les ailes de la foi publique sur des marchés passés , dans les 100 jours , avec des entrepreneurs dont le désastre de Waterloo avait englouti les avances : on ne livre pas de telles propositions au danger de la controverse , et on en a été dispensé , quant aux émigrés , par le fait seul de la défaveur attachée à leur condition : c'est tacitement, et sans qu'on ait eu l'air de prendre garde à eux, qu'ils ont été maintenus sous l'anathème de leur interdiction passée. Les autres créanciers de l'état ont fait admettre leurs titres sans acception de personnes ; mais, pour eux , ils ont été personnellement exclus ou oubliés sans acception de titres.

---

des électeurs. On ne peut pas nier que, comme propriétaires , ils ne soient éligibles; mais la nature particulière de leur propriété n'ajoute rien à leur aptitude. Si , dans la même instruction , on eût recommandé les émigrés à la bienveillance des électeurs , on aurait contrarié bien des préjugés ; et cependant puisque nous devons voir , dans la personne de chaque député, un défenseur et un soutien du trône, il semble hors de doute que , comme gage d'attachement à la monarchie, un certificat d'émigration est au moins égal au procès-verbal d'adjudication d'un domaine national.

§. II.

De la condition des Émigrés.

Et quels sont donc , on le demande ici , ces Français réprouvés ; et, comme on disait, il n'y a pas long-temps encore, ENTACHÉS D'ÉMIGRATION ?

Les séparera-t-on des augustes Maîtres dont ils ont précédé ou suivi les pas aux terres étrangères ?

Méconnaîtra-t-on pour leur chef le Prince révéré , aujourd'hui glorieusement assis sur le trône de Louis IX et de Louis XIV, mais qui , dans son long exil , n'a jamais cessé de porter la couronne de la constance et de la vertu ?

N'ont ils pas eu pour précurseurs et pour guides , quand le tocsin de la rebellion a sonné, à la lueur de l'incendie de leurs châteaux , et ce noble fils de France , l'honneur des chevaliers , et ses deux fils, alors objets de ses alarmes , aujourd'hui sa gloire et notre espérance , et ces trois CONDÉS enfin dignes de leur grand nom , dignes d'un moins funeste sort ?

Ils sont , dit-on , en petit nombre : oui, sans doute ; l'âge, les combats , les privations , les souffrances , en ont moissonné la plupart , et leurs familles sans héritages sont à peine aperçues aux lieux même qui furent témoins de leur ancien éclat ; mais , dans ceux qui ont survécu pour former l'escorte du légitime Souverain rappelé par nos vœux et consolé par leur amour , on a pu reconnaître , ou de vénérables Magistrats dont, comme aux temps anciens, l'AME EST A DIEU ET LE CŒUR AU ROI ; ou ces Généraux volontairement descendus de leur grade , et devenus simples soldats, pour ne marcher jamais que sous les enseignes royales ; ou d'intrépides combattans échappés aux massacres de Quiberon , et fiers encore d'avoir appartenu

au corps royal de la marine ; ou enfin de fidèles sujets indistinctement tirés des divers ordres de l'état , mêlés aux débris
de la noblesse , et offrant ainsi , dans la confusion de tous les
rangs , le spectacle de l'égalité la plus touchante de toutes ,
celle des sentimens , du courage et des infortunes.

Ils s'en sont glorifiés de ces sentimens, de ces malheurs, ils
en ont fait trophée ; et, dans le contentement de leurs cœurs,
ils ont osé dire : « CE SONT LA NOS TRÉSORS , on ne nous les
» ravira pas. » Trompeuse espérance ! on ne leur a pas même
pardonné cet innocent orgueil ; et, pour les en punir, pour
effacer , si cela était possible , jusqu'à la mémoire de leurs
services , une nouvelle doctrine s'est montrée, et tout comme
on avait déjà voulu que la noblesse n'eût point d'ancienneté,
on veut, à présent, que la fidélité n'ait point d'âge ! La FIDÉLITÉ
PRÉSENTE , s'écrie-t-on, « vaut la FIDÉLITÉ PASSÉE. » Présente ou
passée , sans doute, la fidélité est la première vertu des bons
sujets , et toutes les vertus sont, comme la lumière du jour,
belles dès leur naissance ; mais elles ne sont rien sans la
durée , et elles ne brillent alors que comme l'éclair ; ce
sont les combats, les efforts, la longanimité , qui impriment
à la vertu son véritable caractère ; c'est de là qu'elle tire son
nom (1). La fidélité , en particulier, ne se conçoit pas plus sans
épreuves que la constance sans le temps ; et dans ces mots
FIDÉLITÉ PRÉSENTE ou FIDÉLITÉ DU JOUR , il serait plus aisé de
trouver un contre-sens qu'un éloge.

Rendons toutefois hommage à cet élan de la FIDÉLITÉ
moderne vers la gloire des vieux serviteurs ; il est beau de
débuter dans la carrière par vouloir ressembler aux ÉMÉRITES ;
mais quelle que puisse être la ferveur des commençans, la
main de l'impartiale justice n'en donne pas moins la palme à
ceux dont les preuves sont faites.

―――――――――――――――――

(1) VIRTUS.

On a fait et on répète tous les jours, contre les réclamations et les droits des émigrés dépossédés, une objection spécieuse, mais peu réfléchie : « votre malheur, leur dit-on, se confond » avec tous les autres malheurs que la révolution a produits; » vous êtes au nombre de ses victimes, c'est la force majeure » que vous subissez; et l'état, accablé lui-même sous les coups » de l'insurmontable destin, ne saurait réparer tous les maux » et indemniser toutes les parties souffrantes. »

Ce raisonnement est plus commode que solide :

Sans doute, entre toutes les lois sauvages que le génie révolutionnaire a enfantées, il y en a d'irrévocables par leur nature, et dont il a fallu subir le joug ou les atteintes sans réclamation et sans indemnité; de ce nombre sont celles qui, dans leurs dispositions universelles, ont enveloppé tous les sujets de l'état sans exception; il n'y a pas eu de recours à exercer, par exemple, contre la création des assignats, l'établissement du MAXIMUM, les requisitions gratuites, la banqueroute, la conscription, le système continental, et tous ces grands fléaux qui, comme la peste, se sont promenés indistinctement sur toutes les têtes; c'est au nom de la nation qu'ils ont été lancés et décrétés contre la nation toute entière; elle s'est ainsi trouvée l'ordonnatrice, en même temps que la victime de tous les maux qu'elle en a soufferts, elle ne peut pas se devoir des indemnités à elle-même, et ceux de ses enfans qui sont sortis sains et saufs de la mêlée qui les confondait tous, sont dans le cas du SAUVE QUI PEUT; les autres n'ont rien à leur demander.

Mais il n'en est pas ainsi de ces décrets combinés et empreints, tout à la fois, de partialité et de violence, qui n'ont frappé que certains individus ou certaines classes de la société, et qui ont fait tourner au profit de l'état la proscription et la dépouille de quelques-uns de ses sujets seulement : librement ordonnés et accomplis, les actes arbitraires qui en ont été le résultat, n'ont plus l'excuse du bouleversement général qui, violant les droits de tous, rend la réparation impossible pour chacun en particulier : de tels décrets ne sont pas non plus l'ouvrage de l'insaisissable anarchie, qui, dans ses ravages désordonnés, n'a jamais de compte à rendre, ni de dette à acquitter; ils ont le caractère de l'enlèvement du bien d'autrui, calculé et effectué par la puissance publique; le bien ravi est en évidence, le légitime propriétaire est connu, l'envahisseur l'est aussi, c'est un particulier d'un côté, c'est le corps de l'état de l'autre, la justice se place naturellement entre eux pour commander la restitution ou une indemnité équivalente; on peut bien méconnaître ou dédaigner sa voix, mais elle ne sera jamais étouffée, et elle retentira, jusque dans les siècles à venir, partout où le respect dû à la propriété sera **un** des fondemens de la législation.

§ III.

De la condition des acquéreurs ou détenteurs de biens confisqués pour cause d'émigration.

Ce n'est pas, comme on pourrait le croire, par une feinte complaisance, et pour capter un plus grand nombre de suffrages, que l'intérêt des possesseurs de biens d'émigrés a été mêlé, dans cette cause, à celui des émigrés dépossédés, et que cet intérêt a même été placé en première ligne comme motif déterminant de l'indemnité réclamée : la sécurité dûe aux nouveaux possesseurs a, sous le rapport politique, une bien plus grande importance que la justice dûe aux anciens propriétaires : la dépossession de ceux-ci est consommée, c'est un malheur individuel ou domestique qui s'arrête à eux et à leurs familles, et ne s'étend pas à la société toute entière; au lieu que la disgrace irrémissiblement attachée à la possession de ceux qui les ont remplacés, serait une disgrace contagieuse et permanente ; elle suivrait l'héritage confisqué dans quelques mains qu'il passât ; elle se subdiviserait, à mesure de mutation, entre les cohéritiers et les sous-acquéreurs, et se transmettrait ainsi, à perpétuité, d'un successeur à l'autre, comme un malheur héréditaire. C'est donc une louable entreprise que celle d'innocenter ces détenteurs, de les défendre au moins contre les censeurs trop rigoureux de l'indifférence qu'ils ont mise à devenir, ou qu'ils mettent encore à demeurer possesseurs de biens ravis à leurs véritables maîtres : et, pour que cette défense soit complète, autant qu'elle peut l'être, il faut envisager la position de ceux qu'on accuse à deux époques différentes.

La première remonte au temps des décrets de confiscation, et comprend les années immédiatement subséquentes ; la seconde embrasse les années postérieures aux adjudications primitives, jusqu'au temps où la Charte a déclaré ces adjudications irrévocables, c'est-à-dire, à peu près une génération entière.

La première de ces deux époques serait aussi la plus favorable à l'envie de blâmer les acquéreurs ; car on a pu paraître solidaire de la spoliation en se revêtant soi-même, à vil prix, des dépouilles mises à l'enchère ; mais, pour juger moins sévèrement les enchérisseurs dans le cas actuel, il ne faut pas perdre de vue le renversement général qui, lors de l'encan, venait de s'opérer dans les fortunes par la suppression de tous les offices de finance et de judicature, par la suspension du payement des rentes sur l'état, par la création des assignats et l'inondation de cette monnaie de papier n'ayant d'autre issue que l'emploi en achat de domaines déclarés nationaux : comment, dans un tel chaos, le père de famille ruiné par ces remboursemens illusoires dont le gouvernement donnait l'exemple suivi par tant d'imitateurs, aurait-il pu se résoudre à la froide et stérile contemplation, dans son portefeuille, des mourantes images de son ancienne fortune, plutôt que de les convertir en domaines vacants et déserts, unique refuge qui lui restât contre la misère? le besoin et l'indigence raisonnent mal, ou pas du tout : et on pourrait d'ailleurs supposer encore, à la décharge des enchérisseurs, qu'ils portaient dès-lors leurs regards dans l'avenir, et que déjà ils pressentaient la sagesse du légitime souverain reprenant les rênes de l'état. « Il maintiendra (disaient-ils peut-être), » des contrats passés au nom de tout un peuple entraîné par » une force irrésistible à subir une domination passagère, » et il trouvera, dans les ressources même de l'état rentré » sous ses lois, les moyens d'indemniser les familles dépos- sédées. » Mais, si on ne veut pas admettre cette hypothèse, à cause des souvenirs contraires qui la démentent, invoquons, en ce cas, pour les acquéreurs de biens d'émigrés, la même indulgence qu'on accorde à de moins innocens peut-être qu'eux.

Était-il, par exemple, beaucoup plus moral d'éteindre avec des assignats presque sans valeur une ancienne dette contractée en numéraire, que d'acquérir un domaine confisqué pour cause d'émigration? Pour bien apprécier ces deux procédés, en les comparant l'un à l'autre, il ne faut qu'examiner leur résultat à l'égard de la partie lésée ; or, en les soumettant à l'analyse, chacun séparément, il y a, ce semble, une grande simi- litude entre le dommage causé à un créancier forcé de rece- voir, en remboursement d'un prêt effectif de 100 mille francs, un signe nominalement égal, mais ne valant réellement que 10 mille francs au lieu de 100, et le dommage souffert par un émigré sur qui on a confisqué et vendu un domaine valant 90 mille francs ; encore reste-t-il à l'émigré un recours éven- tuel contre l'état, tandis que rien ne compense, rien n'adoucit, même en simple perspective, le mal fait au prêteur chimériquement remboursé. Tel homme auparavant obéré, s'est enrichi tout-à-coup par une libération accomplie en papier-monnaie ; mais, dans l'emploi de sa fortune acquise par cette voie, il a eu soin d'éviter le contact de propriétés confisquées ; aujourd'hui, il vante sa délicatesse, et déclame hautement contre le créancier même qu'il a remboursé avec des assignats, et qui, de désespoir, et ne sachant qu'en faire, en a acheté un bien d'émigré ! c'est là, sans doute, un étrange censeur, mais il ne craint pas les représailles ; le titre de la créance qu'il a éteinte par un papier sans valeur a disparu, il ne reste pas trace du larcin ; au lieu que le domaine de l'émigré, monument indestructible, dépose à perpétuité contre son acquéreur et contre ceux qui lui succèdent.

On citerait, je crois, fort peu de débiteurs qui, dans le passage du papier-monnaie, si propice à la libération, n'aient cédé à la tentation d'acquitter une dette un peu plus forte par une valeur un peu moindre ; et si on considère qu'à l'exception des actes de partage, il n'y a guère de transactions et de contrats où il ne se rencontre un débiteur, on peut se faire aisément l'idée de la multitude de contraventions commises, sous la protection des lois révolutionnaires, aux lois de l'exacte justice : c'est donc ici le cas de dire, non pas comme on l'a dit depuis long temps, assez mal-à-propos peut-être, que, *quand tout le monde a tort, tout le monde a raison*, mais bien que TOUT LE MONDE EST PARDONNABLE, QUAND TOUT LE MONDE A BESOIN DE PARDON.

Ainsi s'atténuent et se neutralisent, par la réflexion, les griefs accumulés, avec trop peu de ménagement, contre les acquéreurs primitifs : mais, si on passe aux acquéreurs ou détenteurs de la seconde époque, à ceux enfin qui possèdent actuellement, les sujets de blâme disparaissent presque entièrement, et la raison, d'accord avec l'intérêt général, en commande l'abolition et l'oubli.

3

En effet , à l'aspect des mutations nombreuses qui , dans le cours de vingt-cinq années , se sont succédées les unes aux autres , par ventes , par échanges , par décès , par mariages , par remises en payement , et qui ont ainsi multiplié , sur tous les points du royaume , les possesseurs de biens confisqués pour cause d'émigration , on est obligé de reconnaître qu'aujourd'hui il n'y a presque plus rien de volontaire , et par conséquent de mal-intentionné dans la possession de ces héritages : des créanciers , des mineurs, des époux , les ont reçus en payement , en légitime, en dot, et les ont transmis, à leur tour , comme débiteurs eux-mêmes , à d'autres familles et aux mêmes titres ; la circulation de cette espèce de biens au travers des autres propriétés, semble en effacer, peu à peu, la tache originelle , et il est au moins permis à celui qui les possède d'espérer qu'ils se purifieront, pour ainsi dire , par leur mélange graduel et inévitable avec les véritables patrimoines, tout comme on voit d'heureuses alliances faire réfléchir sur les conditions les plus obscures, l'éclat d'un nom sans tache et d'une noble origine.

Trop de fortunes, hélas ! tomberaient en dissolution, si elles avaient toutes des épurations à subir, et qu'il fallût, remontant à leur source et à leurs premiers élémens, les essayer, en quelque sorte , afin d'en séparer l'alliage !

Mais c'est justement cette presque innocence des possesseurs actuels de biens d'émigrés qui fait désirer, pour eux-mêmes, la régénération absolue de l'espèce de propriété qui leur est acquise ; ce n'est pas assez d'avoir absous la personne du possesseur, il faut absoudre aussi la chose possédée : le maintien des ventes de biens d'émigrés n'a encore imprimé à la propriété de ces biens que le sceau de la LÉGITIMATION ; c'est le vote de l'indemnité en faveur des émigrés dépossédés qui y imprimera le sceau de la LÉGITIMITÉ ; ce vote est formellement compris dans la promesse de payement faite par la Charte à tous les créanciers de l'état ; et rien de ce que la Charte a promis ne doit rester sans effet.

§ IV.

De la Paix des familles.

O toi, le plus beau don du ciel, bonheur suprême et dernière espérance des Sages de tous les pays et de tous les siècles, aimable et douce Paix ! c'est lorsque tu règnes par eux et avec eux, que les Souverains sont vraiment les représentans de Dieu sur la terre ; et le gouvernement par excellence est celui dans lequel chaque famille repose comme dans ton sein. Faire disparaître aujourd'hui, parmi nous, toutes les causes, toutes les occasions de dissention et de trouble, voilà le noble but des dépositaires du pouvoir : ceux même d'entre eux qui, par ambition ou par erreur, s'en écarteraient davantage, n'oseraient pas en avouer d'autre ; et, dans leurs méditations sur le bonheur public, quel germe de discorde plus fécond peut s'offrir à leur esprit que la rencontre inévitable et journalière des possesseurs de biens confisqués pour cause d'émigration avec les propriétaires ou les héritiers ruinés par cette confiscation? Les maximes abstraites tirées de la loi suprême du salut public ne frappent pas également toutes les ames, et elles perdent beaucoup de leur force, quand elles se trouvent en conflict avec la première de toutes les lois, celle de la conservation individuelle. Le goût de la propriété, quoique plus matériel et moins louable que le pur amour de la patrie, reste cependant encore le plus fort, au moins dans l'état actuel de nos mœurs ; peu de sujets, excellens d'ailleurs, feraient volontairement au bien de l'état le sacrifice gratuit de leur patrimoine ; aucun ne souffrirait, sans se plaindre, qu'un tel sacrifice lui fût imposé par violence. Il y a assurément de fort belles sentences à opposer à cet esprit d'égoïsme, mais ceux même qui les rendent et qui les prononcent changeraient d'opinion, si, au lieu d'être juges, ils devenaient justiciables; et la logique ou l'éloquence des apôtres du désintéressement et de la résignation, se complairait bien davantage dans de sincères félicitations sur une juste indemnité accordée aux parties lésées, que dans des exhortations purement patriotiques prodiguées à leur malheur.

Il est très-vrai, et cette remarque n'a pas été négligée, qu'aujourd'hui il n'y a presque plus rien de volontaire dans la possession des biens confisqués sur les émigrés; les dernières mains qui les ont reçus en payement, ou à d'autres titres, n'ont pas eu la liberté du choix; mais c'est là une observation qui ne peut tendre qu'à la décharge des possesseurs; elle ne console ni n'indemnise les dépossédés; l'intérêt de ceux-ci reste le même au milieu de toutes les variations que subissent, en passant de main en main, les biens qui leur ont été ravis: le temps en vain couvrira de son ombre l'origine de cette espèce de propriétés; ils soulèveront toujours le voile du temps jusqu'à ce qu'enfin eux et leurs derniers rejetons aient été entraînés dans son cours : aucune prescription ne courra contre leur ressentiment, contre leurs regrets; et ce sera là, à défaut d'autre héritage, celui qui, de race en race, se transmettra à leur postérité la plus reculée.

Et comme il y a toujours quelque chose de pernicieux dans le simple contact de ce qui est mauvais en soi, ce n'est pas seulement pour les familles des émigrés que les biens confisqués et vendus deviendront et seront long-temps sujet de mécontentement et de plaintes : les familles même des nouveaux possesseurs y trouveront souvent obstacle à la bonne harmonie qui, autrement peut-être, n'aurait jamais cessé de les unir. A chaque transaction, à chaque partage dont l'objet se composera, en partie de biens patrimoniaux et héréditaires, en

partie de biens provenans de confiscation, il y aura infailli-
blement d'abord des débats sur leur évaluation respective, et
ensuite résistance, de part et d'autre, à prendre pour lot,
même à vil prix, ce qui aura été souillé de confiscation! Le
co-partageant à qui le sort ou la loi des circonstances aura
départi un tel lot, ne croira jamais sa disgrace assez rachetée
par le bon marché, et il est plus d'une jeune épouse qui,
dans les calculs de son innocence, préférerait cent fois à une
riche dot en biens flétris, le simple chapeau de roses qui,
dans certaines coutumes françaises plus délicates que LIBÉRALES,
aurait formé toute sa part héréditaire. Les mêmes combats,
les mêmes épreuves se renouvelleront à toutes les mutations;
ceux qui se présenteraient alors, pour acquérir, en deman-
deront la cause, et ils s'éloigneront bien vîte de ces champs
de discorde, en apprenant que la propriété n'en fut pas
toujours respectée.

§ V.

De la Richesse publique.

Tout s'anime, tout prospère là où la justice commande en
souveraine, et il semble alors que la Providence lui ait confié
tous ses dons; c'est ainsi que la richesse publique elle-même
est intéressée au succès de la réclamation particulière faite ici
au nom des émigrés dépossédés et des acquéreurs de leurs
biens.

On entend par richesse publique la somme des valeurs qui
composent la fortune des sujets de l'état, et d'où procèdent,
pour chacun d'eux, les moyens de travail, d'aisance et de
bonheur; ainsi, dans un état essentiellement agricole comme
la France, la richesse publique, cet ensemble de toutes les
fortunes particulières, s'accroît évidemment en raison de la

valeur des terres , valeur qu'il ne faut pas calculer seulement
d'après la fertilité du sol ; mais encore , et bien plus peut-
être , d'après les circonstances morales et politiques qui peuvent
rendre la propriété plus ou moins chère.

La stabilité du gouvernement , l'équitable répartition des
impôts , des lois protectrices de l'ordre des successions et de
la plénitude des droits des propriétaires , des règlemens fa-
vorables à l'agriculture et à la meilleure distribution de ses
produits , une population adonnée au travail et assez nombreuse
pour suffire à la plus parfaite exploitation , voilà de princi-
pales conditions sans lesquelles la possession , devenant in-
grate ou précaire , a bientôt perdu tous ses charmes ; et c'est
parce que ces conditions manquent souvent dans les climats
les plus favorisés de la nature , que leurs rares habitans n'offrent
au voyageur attristé , au milieu de vastes champs sans cul-
ture, et sous le ciel le plus propice , que le spectacle de l'indigence et du malheur.

Mais, pour le sujet qui nous occupe , il n'est pas besoin
de porter ses regards si loin , et vers des contrées qui
soient , ou privées de civilisation , ou ruinées par de barbares
conquérans , ou foulées par d'absurdes despotes : que notre
pensée s'arrête seulement à la vue d'un grand état florissant
depuis plusieurs siècles , puis désolé par vingt-cinq ans de ré-
volutions et de guerres qui ont détruit ou déplacé les élémens
de sa prospérité : soumis , dans ce triste intervalle , à une multitude de lois arbitraires et attentatoires à la propriété , quand
enfin la Providence l'a rendu à ses anciennes destinées , un grand
nombre de patrimoines confisqués et vendus avaient passé dans
des mains étrangères , comme autant de conquêtes révolutionnaires ; et, pour éviter de nouveaux troubles , il a fallu
déclarer les ventes irrévocables : cette déclaration faite par le
légitime Souverain , dans les formes constitutionnelles , assure
à jamais , sans doute , la protection publique aux nouveaux

possesseurs , et ils sont désormais , eux et les leurs , sous la
puissante sauvegarde d'une loi fondamentale dictée par le salut
de l'état : mais ce n'est pas assez de posséder sans trouble ,
on voudrait encore posséder sans envie , et voilà ce qu'aucune
puissance ne saurait garantir à ces nouveaux possesseurs , tant
qu'il n'aura pas été pourvu à l'indemnité des familles dépossé-
dées : le dernier descendant de chacune de ces familles , à
quelque degré qu'il se trouve , regardant en arrière , franchira
par ses regrets le temps écoulé depuis la confiscation ; toutes
les circonstances de l'iniquité dont il sera la victime , se re-
présenteront à sa pensée ; et à peine en trouvera-t-il un im-
parfait modèle dans ce rapt d'héritage qu'une tradition sacrée
nous a transmis comme ayant attiré , sur ses auteurs et sur
toute leur race, la vengeance céleste : « Au moins, s'écriera-t-il ,
» avant de faire condamner et lapider Naboth , pour pouvoir
» ensuite s'emparer de son champ , on lui avait offert un champ
» meilleur en échange , ou l'équivalent en argent ; au lieu
» que c'est d'emblée , et sans option , qu'une même sentence
» a prononcé , contre les émigrés français , la confiscation , le
» bannissement , et la mort en cas de retour : et cependant le
» CRIME SUPPOSÉ du proscrit de l'écriture était d'avoir BLASPHÉMÉ
» DIEU ET LE ROI ; et le CRIME PROUVÉ des modernes proscrits
» est de s'être DÉCLARÉS LES AMIS DE L'AUTEL ET DU TRÔNE. »

De là naît et s'imprime aux biens confisqués et vendus pour
cause d'émigration , une flétrissure ineffaçable qui ne leur
permet de figurer que comme objets décriés au rang des
propriétés : dédaignés dans les ventes , avilis dans les échanges ,
repoussés dans les partages , c'est beaucoup lorsque , transmis
à titre gratuit , ils ne passent pas pour une disgrace ou pour
un affront ; et s'il arrive qu'on les offre pour gage à des
prêteurs , il n'y a que l'intervention de l'usure et de ses plus
dures exigences qui puisse nouer le contrat.

Si donc on évalue à 5 ou 600 millions (abstraction faite

de leur origine) la totalité des biens provenans des émigrés dépossédés , l'opinion commune , règle infaillible de toutes les valeurs , réduit cette évaluation de plus de moitié , et retranche , par conséquent , 2 à 300 millions sur ce qui entre dans la composition de la richesse générale.

Ici se présente une objection dictée , non pas par la justice , mais par un faux calcul d'économie politique , qu'il est essentiel et facile de combattre et de résoudre.

Qu'importe , dira-t-on , à la richesse publique que , par l'effet des indemnités à accorder aux émigrés dont on a vendu les biens , ces biens reprennent leur ancienne et véritable valeur , si en même temps l'état est chargé d'une nouvelle dette égale à cet accroissement de valeur ? Ce qu'on aura gagné d'un côté , on le devra de l'autre , et ce sera comme si on n'eût rien fait du tout.

Mais ce n'est pas ainsi qu'il faut envisager la composition de la richesse publique dans un état bien gouverné : les dettes que cet état contracte, comme les impôts qu'il perçoit , quand la mesure en est sagement réglée , loin de diminuer la valeur des propriétés , en affermissent les fondemens et en favorisent l'exploitation et le commerce : il n'y a point de propriété sans protection publique , point de protection publique sans salaires , point de salaires sans contributions ; et , quand des besoins extraordinaires rendent les contributions insuffisantes , c'est par l'usage du crédit qu'on y supplée ; le grand art des gouvernemens est donc de donner à la protection publique tout le ressort dont elle est susceptible , de régler dans de justes proportions les sacrifices qu'elle exige , et de faire tourner ces sacrifices, par le bon emploi des sommes qu'ils rapportent, au profit de la propriété elle-même.

Les choses ainsi ordonnées , l'impôt , par sa destination à l'acquittement des services rendus à l'état , au lieu d'être une charge , n'est plus qu'un bienfait ; et la dette publique formée des avances faites pour le soulagement des contribuables, perdant son caractère passif, devient elle-même une valeur positive; elle prend rang dans les fortunes particulières à côté des autres capitaux de toute nature, et elle concourt avec eux à la formation des patrimoines.

Pour rendre ce raisonnement plus sensible, et faire ainsi disparaître entièrement l'objection supposée, il n'y a qu'à se représenter, sous un double aspect, la richesse publique telle qu'elle est dans l'état actuel, et telle qu'elle serait après l'indemnité accordée aux émigrés ou à leurs familles.

Dans l'état actuel, les biens confisqués et vendus pour cause d'émigration et dont la valeur serait de 5 à 600 millions, s'ils étaient d'origine patrimoniale, ne figurent pourtant dans le marché général des propriétés que pour une valeur vénale de 250 millions au plus; et le rabais serait encore plus considérable, si on faisait entrer en ligne de compte les non-valeurs de cette masse de biens fonds inerte et stagnante, et leur inaptitude au service de toutes les transactions.

Voilà quel est, en ce moment, le rapport de la valeur des biens d'émigrés confisqués et vendus, à la masse générale des richesses.

Cherchons, à présent, quel accroissement recevra la richesse publique par le fait de l'indemnité à accorder aux émigrés ou à ceux qui les représentent.

Cette indemnité peut être évaluée à 15 ou 20 millions de rente au plus, en supposant qu'il y ait pour 5 à 600 millions de biens vendus, à cause de la déduction à faire du montant des dettes déjà payées par l'état à la décharge des émigrés dépossédés.

Hé bien, alors, d'un côté, les domaines confisqués auront repris leur valeur première et intrinsèque de 5 à 600 millions; et loin que ce développement de valeur nuise au prix des autres propriétés, il les fera toutes participer à la faveur que répand un grand acte de justice sur l'universalité des biens soumis à la puissance dont il émane.

Et, d'un autre côté, les rentes dont la dette publique se trouvera augmentée, donnant, par leur origine même, un nouveau lustre au crédit de l'état, formeront, dans les mains de leurs possesseurs, un capital particulier de 3 à 400 millions en accroissement de toutes les valeurs actives dont se composent les fortunes.

A ce compte, le cas d'indemnité ayant lieu, la différence à l'avantage de la richesse publique sera donc d'environ 700 millions : et ce sera réellement de cette somme que s'agrandira la matière des successions, des inventaires, des ventes, des échanges, et des autres actes et contrats de toute espèce ; agrandissement profitable au gouvernement lui-même, puisque l'impôt devra croître en proportion.

§ VI.

De la prétendue impossibilité ou difficulté à pourvoir, dans la situation actuelle des finances, de l'indemnité dûe aux Emigrés dépossédés.

La question de DROIT, celle de la légitimité de la dette, une fois résolue en faveur des émigrés dont les biens ont été vendus, la question de FAIT, ou des moyens de payement, n'est pas plus embarrassante à leur égard qu'elle ne peut l'être à l'égard de tous les autres créanciers de l'état quels qu'ils soient.

Au mois de juin 1814, époque où fut accordée la loi constitutionnelle, un voile épais couvrait la masse des engagemens de l'état ; l'imagination elle-même ne pouvait les embrasser qu'avec effroi, et tous les porteurs de titres, indistinctement menacés de la perte de tout ou partie de leurs créances, cédaient d'avance à la nécessité; le Roi jugea que rien de ce qui était JUSTE n'était IMPOSSIBLE à la France bien gouvernée; et en résignant, pour ainsi dire, par le don d'une Charte, à ses sujets eux - mêmes, une portion de la pleine puissance que, par la grâce divine, il tenait de ses ancêtres, il voulut que ce bienfait fût particulièrement empreint du sceau de son équité souveraine, et il déclara et proclama L'INVIOLABILITÉ DE TOUTE ESPÈCE D'ENGAGEMENS PRIS PAR L'ETAT AVEC SES CRÉANCIERS (1).

Dira-t-on que les termes de cette déclaration ne comprennent pas nommément l'indemnité dûe aux émigrés dépossédés? Mais, outre que la qualification de CRÉANCIER appartient à celui qu'on dépouille au moins autant qu'à celui dont on emprunte, s'il y avait insuffisance ou obscurité dans les expressions, c'est au flambeau de la justice et de la raison qu'il faudrait chercher le sens et l'esprit de la parole Royale; et toute explication qui serait désavouée par ces deux interprètes serait nécessairement une erreur.

En se reportant donc, par la pensée, au moment où les regards du Monarque, comme ceux de la Providence, s'étendaient également sur tout ce qui était soumis à ses lois, et où, à l'aspect du déluge de maux dont ses états sortaient à peine, il se proposait de réparer tout ce qui était réparable, osera-t-on supposer que, dans le généreux appel qu'il faisait alors aux CRÉANCIERS DE L'ÉTAT, il ait établi et prononcé la distinction suivante?

« Vous tous, qui que vous soyez, porteurs d'engagemens
» pris par les gouvernemens divers qui, pendant vingt-
» cinq ans, ont remplacé le pouvoir legitime, produisez
» vos titres et vous serez satisfaits !

---

(1) Article 70 de la Charte.

» Vous, acquéreurs de biens dits NATIONAUX, jouissez et
» possédez en paix; les ENGAGEMENS PRIS AVEC VOUS, AU NOM
» DE L'ÉTAT, ne sont pas moins sacrés que ceux pris avec ses
» CRÉANCIERS proprement dits !

» Mais vous, ÉMIGRÉS FRANÇAIS, vous confondus dans mon
» amour avec tous mes autres sujets, je vous divise en
» deux classes :

» L'une comprendra ceux d'entre vous dont les biens con-
» fisqués n'ont pas été vendus et sont encore au pouvoir
» du gouvernement; à leur égard, la main-mise nationale
» va cesser, et ils seront immédiatement réintégrés dans
» leur propriété :

» L'autre sera composée de ceux d'entre vous dont les biens
» ont été vendus au profit de l'état qui en a touché le prix ;
» et ceux-là, je les déclare indignes de ma justice; ce
» sont bien des propriétaires dépouillés, mais ce ne sont
» pas des CRÉANCIERS dans l'acception littérale du mot; je ne
» regarde pas comme un ENGAGEMENT PRIS AVEC EUX PAR
» L'ÉTAT, le versement au trésor public et la disposition
» arbitraire faite du prix de leur patrimoine; et si jamais
» ils élevaient une voix téméraire pour réclamer la satisfac-
» tion que j'accorde à tous mes autres sujets, qu'ils sachent
» que la présente Charte, monument d'affection paternelle
» et de munificence royale, leur impose silence à perpé-
» tuité. »

C'est un BLASPHÈME que la seule supposition d'un tel lan-
gage émané du trône ; et c'est pourtant celle qu'il faudrait
admettre pour priver les émigrés dont les biens ont été vendus,
du bénéfice de la disposition de l'art. 70 de la charte constitutionnelle.

Revenant, à présent, à la question DE FAIT, à l'importance
de l'indemnité, on convient bien que cette indemnité pourrait
charger l'état et grossir la dette publique de 15 à 20 millions

de rentes au plus ; mais ce n'est pas, on le répète , la considération de cette surcharge qui a pu , dans ces dernières
années , et qui pourrait encore, aujourd'hui , former un obstacle plausible à la reconnaissance de la créance des émigrés
dépossédés.

De l'état actuel de l'Arriéré.

J'ai passé en revue , dans de précédentes observations ,
les évaluations successivement faites de l'arriéré antérieur au
1.er avril 1814 , et de celui formé dans les neuf derniers mois
de 1815 ; ces évaluations ont toutes été exagérées ; mais
eussent-elles été trop faibles , même de plusieurs centaines de
millions , le pouvoir législatif n'en aurait pas moins ordonné ,
par respect pour la charte et pour la foi publique, l'acquittement intégral de tous les engagemens pris au nom de l'état.

Dans la session de 1814 , un arriéré de 759 millions fut
annoncé comme présumable , et la loi sur les finances du
23 septembre 1814 en ordonna, purement et simplement , la
vérification , la liquidation et le payement, avec DOMMAGES
ET INTÉRÊTS en cas de retard (1).

L'indemnité dûe aux émigrés dépossédés fut passée sous silence.

Les événemens de 1815 ajoutèrent un nouvel arriéré de
près de 200 millions au précédent; mais il y avait eu erreur
et mécompte dans l'évaluation faite en 1814; et, au lieu
d'être de 759 millions, tout l'arriéré antérieur au 1.er avril

---

(1) Dans les 759 millions , montant présumé de l'arriéré déclaré remboursable en obligations royales portant 8 pour 100 par an d'intérêts, par la loi
du 23 septembre 1814 , n'était pas compris l'arriéré antérieur au 1.er janvier 1810, remboursable selon le mode établi par la loi du 20 mars 1813,
montant réellement à 126 millions et une fraction ; ainsi la totalité de l'arriéré figurait alors , dans l'opinion, pour près de 900 millions.

(30)

1814, ne s'élevait réellement qu'à 5o3 millions (1) , en sorte
que , tout compris , (hors l'indemnité dûe aux émigrés ,) l'arriéré antérieur au 1.er janvier 1816 , déduction faite des
payemens effectués en 1815, se trouva monter à 696 millions (2).

La loi du 28 avril 1816 ordonna la liquidation et régla
le mode du payement de cet arriéré.

Une nouvelle révision plus exacte, faite en 1816, offrit au
Ministre des finances l'espérance fondée d'une diminution
considérable dans le montant de l'arriéré présumé; et, quoique
cet arriéré subsistât encore, en apparence, d'après les états
joints au budget de 1816 et rappelés dans le budget de 1817,
pour une somme de 636 millions, le Ministre déclara dans
son rapport au Roi (3) que, *d'après les notions qu'il avait
recueillies, il ne serait pas éloigné de croire qu'une somme
de 4oo millions suffirait, avec ce qui avait déjà été payé,
pour libérer entièrement le trésor.*

La loi sur les finances du 25 mars 1817, sans attendre la
réalisation des annonces du Ministre, adopta, pour faire face
à L'ARRIÉRÉ, quel qu'il fût, un mode de liquidation et de
payement équivalent, en dernière analyse, à un remboursement
effectif en numéraire.

L'espérance du Ministre des finances n'a pas été trompée ;
le budget qu'il vient de présenter, pour l'année 1818, ne
porte, en effet, qu'à une somme de 43o millions et une

---

(1) Savoir : 126 millions environ pour l'arriéré de 1801 à 1810,

Et 577 millions pour l'arriéré de 1810 au 1.er avril 1814.

5o3 millions.

(2) Voir le rapport du Ministre des finances au Roi, sur le budget
de 1817, page 3o.

(3) *Id.*, même page.

fraction, ce qui restait à payer au 1.er juillet dernier 1817;
pour solde de tout L'ARRIÉRÉ antérieur au 1.er janvier 1816;
et il peut même survenir d'autres retranchemens encore par
l'effet des liquidations (1).

Ainsi, sans qu'on ait songé à faire place à la créance des
émigrés, laissée, au contraire, dans un profond oubli, et par
le seul fait de la moindre consistance de l'arriéré, après un
plus ample examen, il se trouve qu'en reconnaissant aujour-
d'hui, comme dette de L'ÉTAT, l'indemnité dûe aux émigrés
dont L'ÉTAT a fait vendre les biens, la dette publique restera
moindre, qu'elle n'avait été arbitrée, (cette indemnité mise à
l'écart,) soit en 1814, soit en 1815, soit en 1816 (2).

Mais dût-elle s'accroître effectivement de 15 à 20 millions de
rentes, qu'est-ce qu'une telle augmentation à côté de l'impulsion
soudaine donnée à la confiance dans la valeur de nos fonds, et du
développement inespéré que cette confiance reçoit chaque jour?

Le contre-poids des amortissemens méconnu ou négligé sous
les gouvernemens précédens, ajourné mal-à-propos en 1814,

---

(1) Voir le rapport du Ministre des finances au Roi, sur le budjet
de 1818, page 5.

(2) *Relevé de l'arriéré, tel qu'il est rapporté dans l'état N.º 23,
annexé au Budjet de 1818.*

	fr.	c.
Créances de 1801 à 1810, ...	126,943,758	28
Créances du 1.er janvier 1810 au 1.er avril 1814, . .	376,951,360	25
Créances sur les neuf derniers mois de 1814, ...	29,107,646	34
Créances sur l'exercice de 1815, ...	68,600,712	95
Emprunt de 100 millions de 1815, ...	96,000,000	»
Remboursement aux départemens de réquisitions et fourni- tures militaires, ...	30,000,000	»
TOTAL, 727 millions 603,477 francs 80 c., ci	727,603,477	80

et adopté avec trop de réserve dans la session de 1816, a été enfin vigoureusement constitué par la loi du 25 mars 1817 ; aujourd'hui, le double rempart de l'ordre et du crédit environne l'administration des finances et ne laisse plus d'excuse à l'infidélité : félicitons-nous de cette nouvelle mais innocente conquête ! car la science du crédit est devenue, depuis moins d'un siècle, un des principaux ressorts de la puissance, et il serait peut-être aisé de prouver que c'est sur-tout parce que cette science a manqué aux ministres de Louis XVI, que le Monarque et la Monarchie ont péri entre leurs mains. Sous les règnes précédens, le gouvernement n'avait guère connu d'autre crédit à son usage que celui des banquiers de la cour, dont toute l'habileté consistait à procurer, à grands frais, au trésor, l'anticipation d'une ou plusieurs années de ses revenus ; mais enfin, dans les premières années du règne de Louis XVI, avec moins de 400 millions d'impôts réunis au produit des domaines et des bois de l'état, on pourvoyait à tous les besoins de l'administration, à tous les services publics, au payement des rentes et des pensions ; et la prospérité de la France était, pour les autres nations, un sujet d'admiration ou d'envie.

Les dépenses de la guerre d'Amérique, cette guerre qui a préparé le bonheur des Etats-Unis aux dépens du nôtre, forcèrent de recourir à des moyens extraordinaires ; et c'est alors qu'il eût été important, et facile peut-être, de fonder et d'asseoir, sur de solides bases, le crédit de l'état. Des impôts modérés, des lois douces, une tranquillité profonde à l'intérieur, un commerce florissant et dont la balance annuelle en notre faveur était évaluée à 70 ou 80 millions, deux milliards et demi en numéraire circulant à un intérêt peu élevé, et multipliant partout les transactions et les échanges ; et, à côté de tant d'avantages, de tant de titres à la confiance, tous les moyens de force et de puissance propres à en garantir la durée, voilà

sur quelles données le ministre des finances d'un prince éco-
nome et plein de sagesse pouvait ménager à la France un
nouveau genre de gloire dans l'institution d'un véritable crédit
public ; c'est en ce point qu'il convenait de demander des
leçons à une nation voisine, plutôt que des maximes de gouvernement autres que celles dont la France se trouvait si bien
depuis tant de siècles.

Un étranger fut appelé à la tête de l'administration des finances ;
et, pendant qu'en Angleterre on lui donnait le précepte et
l'exemple des emprunts perpétuels et non exigibles, mais
toujours accompagnés d'un fonds d'amortissement proportionné à
leur importance, lui, content de se procurer, en évitant de parler
de nouvel impôt, une popularité mal entendue et peu durable,
poursuivait la routine des anticipations, et il y joignait le luxe des
emprunts en rentes viagères, procédé absolument inverse de celui
de l'amortissement (1). Ses successeurs marchèrent sur ses
traces, le gouffre s'agrandit ; et rappelé lui-même, peu
d'années après, comme sauveur, sur la foi de sa trompeuse
renommée, mais moins héureux encore comme homme d'état
que comme directeur des finances, il se hâta de déposer le
fardeau de ses méprises aux mains de L'ASSEMBLÉE CONSTITUANTE,
autre produit de ses méditations.

Bref, les emprunts occasionnés par la guerre d'Amérique
pouvaient s'élever à la somme de 7 à 800 millions.

Ces emprunts, faits selon la méthode Anglaise, auraient chargé
l'état d'un intérêt annuel de 40 millions.

En joignant à cet intérêt un fonds de 2 $^o/_o$ par an pour
l'amortissement des emprunts, il y aurait eu à imposer 56 millions chaque année.

---

(1) Il est reconnu que le simple excédant de l'intérêt viager à l'intérêt
ordinaire, double, en moins de quinze ans, à la charge de l'état, la somme
empruntée, et ainsi de suite, dans une progression toujours croissante
jusqu'à l'extinction des rentes viagères.

Mais, au moyen de ce fonds d'amortissement, toute la dette nouvelle aurait été rachetée en moins de 20 ans.

Louis XVI règnerait encore ; et, sans bouleverser le monde, il aurait, de son pur mouvement et par degrés, fait descendre du trône, au profit de ses sujets bien-aimés, toutes les libertés, toutes les franchises que pouvait réclamer le PROGRÈS DES LUMIÈRES.

Cette courte digression n'est pas ici hors de place, puisqu'elle tend à faire ressortir la puissance d'un fonds d'amortissement proportionné à la dette qu'il s'agit d'éteindre.

Nous n'en sommes encore qu'aux prémices, à l'enfance de la caisse d'amortissement ; mais c'est une enfance robuste et qui promet une croissance rapide : cette heureuse perspective se lie à celle de l'affermissement du pouvoir légitime, protecteur nécessaire de tout ce qui est bien, et nous pouvons déjà apercevoir l'époque prochaine où notre dette publique obtiendra la même faveur que celle des états les plus florissans par leur crédit ; car, pour me servir des expressions d'un orateur du gouvernement (1), LES ÉCUS N'ONT POINT DE PATRIE, et, quelque part qu'ils soient, enfouis ou exportés, ils se meuvent à la voix de l'intérêt et de la confiance, échappent à la thésaurisation, franchissent les distances, et vont se répandre et se fixer là où les emplois sont les plus profitables et les plus sûrs.

---

(1) Discours de M. de Barente sur le Budjet de 1817.

Tableau de l'État actuel de la dette publique perpétuelle et de sa situation probable en 1830.

Rentes inscrites avant le 1.er avril 1814, ...	63,167,127 fr.
Rentes inscrites au profit des communes, ...	2,367,123
Rentes inscrites pour arriéré, ...	8,775,137
Rentes inscrites pour dettes du Roi, ...	1,491,889
Rentes inscrites pour garantie de créances étrangères,	8,413,565

Rentes inscrites pour le service du trésor,

Loi du 28 avril 1816, ... 6,000,000 fr. ⎫
Loi du 25 mars 1817 , ... 30,000,000 ⎬ 36,000,000

TOTAL , ...120,214,841 (1)

Rentes à inscrire.

1.° Crédit demandé pour le service de 1818 , . . . 16,000,000
2.° Pour solder l'arriéré , environ 20,000,000
3.° Pour crédits présumés nécessaires à cause du service
des années 1819 et 1820 , ... 20,000,000

TOTAL , ... 176,214,841

En ajoutant à cette somme le montant présumé des rentes qui proviendraient de l'indemnité à accorder aux émigrés dont les biens ont été vendus , . . . 20,000,000 (2)

La totalité de la dette publique perpétuelle s'élèverait , en définitif , à 196,214,841

Il faut voir, à présent, quelle sera la situation de cette

---

(1) Voir l'état, N.° 21 , annexé au Budget de 1818.

(2) L'évaluation de l'indemnité dûe aux émigrés dépossédés à 20 millions de rente, est vraisemblablement beaucoup trop forte ; et si le cours des rentes à inscrire à leur profit ne commence qu'en 1821 , après l'acquittement des contributions de guerre , l'aisance du trésor n'en souffrira pas.

même dette en 1830, déduction faite des rachats opérés alors par la caisse d'amortissement.

Pour cela, on n'a besoin que de consulter un tableau fort clair, faisant partie des états annexés au budget de 1817, intitulé : TABLEAU DES EFFETS DE L'AMORTISSEMENT PENDANT UNE PÉRIODE DE 15 ANNÉES etc.

Il résulte de ce tableau (N.° 16) que, de 1816 à 1830, la caisse d'amortissement, par les moyens que lui assure la loi du 25 mars 1817, aura racheté 104 millions de rentes; et que, déjà en 1821, époque à laquelle doivent cesser les contributions étrangères, les achats de cette caisse auront absorbé près de 27 millions de rentes.

Ainsi, en 1830, la dette publique perpétuelle qui présente aujourd'hui une charge de 196 millions de rentes, se trouverait réduite de plus de moitié par l'effet de l'amortissement; et la décroissance ou le rachat de l'autre moitié, à partir de 1830, s'opérerait dans une progression bien plus rapide encore.

CONCLUSION.

Dans un tel état de choses, il est permis de croire que le Ministre des finances, en rappelant, dans son rapport au Roi sur le budget de 1818, la déchéance prononcée par la loi sur les finances du 25 mars 1817, contre ceux des créanciers de l'état qui n'auraient pas produit leurs titres avant le 25 septembre dernier, aura signalé à la justice du Roi, comme non compris dans cette déchéance, les émigrés dont les biens ont été vendus, et dont les titres, hors de leurs mains comme leurs héritages, sont aux archives des préfectures, parmi les procès-verbaux d'adjudication de domaines confisqués.

Et, en effet, au jugement même de la Chambre des Députés, la réclamation des émigrés survit à cette déchéance, puisque la Chambre a récemment ordonné le dépôt à son secrétariat, comme pouvant devenir la matière d'une proposition de loi, de plusieurs pétitions d'émigrés tendantes à la restitution de sommes d'argent ou de rentes sur l'état confisquées à leur préjudice; elle ferait indubitablement le même accueil à toute pétition individuelle ou collective qui lui serait adressée par les émigrés dont on a vendu les biens, ou par les acquéreurs de ces mêmes biens; et sans même qu'il soit besoin de pétitions, le cri de l'honneur et de la justice fera nécessairement éclore, sur cette importante matière, une supplique au Roi telle que l'autorise l'article 19 de la Charte; et cette supplique adressée au cœur du Monarque plus encore qu'à son autorité, serait bientôt suivie d'une proposition de loi conforme au vœu qu'elle aurait exprimé.

A LYON, le 31 décembre 1817.

P. S. Pendant que les OBSERVATIONS qui précèdent sont à l'impression, les journaux annoncent que, par décision du 5 janvier présent mois, la Chambre des Députés a pris en considération la proposition de M. Laisné de Villevêque, tendante à LA RESTITUTION AUX ÉMIGRÉS DES RENTES SUR L'ÉTAT, CONFISQUÉES A LEUR PRÉJUDICE.

Lyon, 9 janvier 1818.

Signé, BAROUD.

TABLE DES MATIÈRES.

FIN.